ALPHABET

CHRÉTIEN,

DIVISÉ PAR SYLLABES,

ou

La vraie manière d'apprendre à lire aux
enfans.

A L'USAGE DES ÉCOLES.

A AVALLON,

Chez COMYNET, Imprimeur-Libraire.

✶ A B C D

E F G H I

J K L M N

O P Q R S

T U V X Y

Z Æ Œ W

1, 2, 3, 4, 5, 6, 7, 8, 9, 0.

A a	B b	C c	D d	E e
A a	*B b*	*C c*	*D*	*E e*
A a	*B b*	*C c*	*D d*	*E e*
a a	*B b*	*C c*	*D d*	*E e*
F f	G g	H h	I i	J j
F f	*G g*	*H h*	*I i*	*J j*
F f	*G g*	*H h*	*I i*	*J j*
F f	*G g*	*H h*	*I i*	*J j*
K k	L l	M m	N n	O o
K k	*L l*	*M m*	*N n*	*O o*
K k	*L l l*	*M m*	*N n n*	*O o*
K k	*L l l*	*M m*	*N n n*	*O o*
P p	Q q	R r	S s	T t
P p	*Q q*	*R r*	*S s*	*T t*
P p	*Q q*	*R r r*	*S s*	*T t t*
P p	*Q q*	*R r v*	*S s a*	*E t w*
U u	V v	X x	Y y	Z z
U u	*V v*	*X x*	*Y y*	*Z z*
U u	*V v*	*X x x*	*Y y*	*Z z*
U u w	*V v v*	*X x x*	*Y y*	*Z z*

a é e i o u.

ba bé be bi bo bu.

ca cé ce ci co cu.

ka ké ke ki ko ku.

da dé de di do du.

fa fé fe fi fo fu.

pha phé phe phi pho phu

ga gé ge gi go gu.

ha hé he hi ho hu.

ja jé je ji jo ju.

la lé le li lo lu.

ma mé me mi mo mu.

na né ne ni no nu.
pa pé pe pi po pu.
qua qué quo qui quo qu.
ra ré re ri ro ru.
sa sé se si so su.
ta té te ti to tu.
va vé ve vi vo vu.
xa xé xe xi xo xu.
za zé ze zi zo zu.

â ê î ô û. à è
ì ò ù. ë ï ü.

bla	blé	ble	bli	blo	u.
bra	bré	bre	bri	bro	bru.
cla	clé	cle	cli	clo	clu.
cra	cré	cre	cri	cro	cru.
dra	dré	dre	dri	dro	dru.
fra	fré	fre	fri	fro	fru.
phra	phré	phre	phri	phro	phru.
fla	flé	fle	fli	flo	flu.
phla	phlé	phle	phli	phlo	phlu.
gra	gré	gre	gri	gro	gru.
gla	glé	gle	gli	glo	glu.
pla	plé	ple	pli	plo	plu.
pra	pré	pre	pri	pro	pru.
spa	spé	spe	spi	spo	spu.
sta	sté	ste	sti	sto	stu.
tla	tlé	tle	tli	tlo	tlu.
tra	tré	tre	tri	tro	tru.
vra	vré	vre	vri	vro	vru.

L'oraison Dominicale.

No tre, Pè re, qui, ê tes,
aux, ci eux, que, vo tre,
nom, soit, sanc ti fi é,
que, vo tre, règne, ar ri ve,
que, vo tre, vo lon té,
soit, fai te, en, la, ter re,
com me, au, ci el. Don-
nez-nous, au jour d'hui,
no tre, pain, quo ti dien.
Et, par don nez-nous,
nos, of fen ses, com me,
nous, par don nons, à

ceux, qui, nous, ont, of fen sés. Et, ne, nous, a ban don nez, point, à, la, ten ta tion. Mais, dé- li vrez–nous, du, mal. Ainsi, soit-il.

La Salutation Angélique.

Je, vous, sa lue, Ma rie, plei ne, de, grâ ce, le Sei- gneur, est, a vec, vous, vous, ê tes, bé nie, en tre, tou tes, les, fem mes, et, Jé sus, le, fruit, de, vos, en trail les, est, bé ni.

Sain te, Ma rie, mè re, de, Dieu, pri ez, pour, nous, pau vres, pé cheurs, main te nant, et, à l'heu-re, de, no tre, mort. Ain-si, soit-il.

Le Symbole des Apôtres.

Je crois en Dieu le pè-re tout-puissant, le créa-teur du ciel et de la terre et en Jésus-Christ son Fils unique, notre Seigneur, qui a été conçu du Saint-Esprit, est né de la Vierge Marie, qui a souffert sous Ponce-Pilate, a été crucifié, est mort et a été enseveli, est descendu aux enfers; le troisième jour est ressuscité d'entre les morts; est monté aux cieux; est assis à la droite de Dieu le Père tout-puissant d'où il viendra juger les vivans et les morts.

Je crois au Saint-Esprit, à la sainte Eglise Catholique, la communion des Saints, la rémission des péchés, la résurrection de la chair, et la vie éternelle. Ainsi soit-il.

La Confession des Péchés.

Je me confesse à Dieu, tout-puissant, à la bienheureuse Marie, toujours vierge, à saint Michel Archange, à saint

Jean-Baptiste, aux Apô-
tres saint Pierre, et saint
Paul, et à tous les Saints;
parce que j'ai beaucoup
péché, par pensées, par
paroles, par actions et par
omissions. C'est ma fau-
te, c'est ma faute, c'est ma
très-grande faute. C'est
pourquoi je supplie la
bien-heureuse Marie, tou-
jours vierge, saint Michel
Archange, saint Jean-Bap-
tiste, les apôtres, saint

Pierre et saint Paul, et tous les Saints, de prier pour moi, le Seigneur notre Dieu. Ainsi soit-il.

Avant le repas.

Que la main de Jésus-Christ nous bénisse, nous et la nourriture que nous allons prendre. Au nom du père, et du Fils, et du St.-Esprit. Ainsi soit-il.

Après le Repas.

Nous vous rendons grâces, pour tous vos bienfaits, ô Dieu tout - puissant, qui vivez et régnez dans tous les siècles des siècles. Ainsi soit-il.

Bénissons le Seigneur.

Rendons grâces à Dieu.

Que les âmes des fidèles défunts reposent en paix par la miséricorde de Dieu. Ainsi soit-il.

Les Commandemens de Dieu.

1. Un seul Dieu tu adoreras et aimeras parfaitement.

2. Dieu en vain tu ne jureras, ni autre chose pareillement.

3. Les Dimanches tu garderas en servant Dieu dévotement.

4. Tes père et mère honoreras, afin que tu vives longuement.

5. Homicide point ne seras de fait ni volontairement.

6. Luxurieux point ne seras de corps ni de consentement.

7. Les biens d'autrui tu ne prendras ni retiendras à ton escient.

8. Faux témoignage ne diras, ni ne mentiras aucunement.

9. L'œuvre de chair ne désireras qu'en mariage seulement.

10. Biens d'autrui ne couvoiteras, pour les avoir injustement.

Les Commandemens de l'Eglise.

1. Les fêtes tu sanctifieras, qui te sont de commandement.

2. Les dimanches messe ouiras et les fêtes pareillement.

3. Tous les péchés confesseras, à tout le moins une fois l'an.

4. Ton Créateur tu recevras au moins à Pâques humblement.

5. Quatre-temps, Vigiles jeûneras, et le Carême entièrement.

6. Vendredi chair ne mangeras, ni le samedi mêmement.

FIN.